Bruckmann

HELME HEINEs

NEUSEELAND

Sieben Tage Sonntag

Fotograf: Frank Habicht

Autoren: Helme Heine, Gisela von Radowitz

Bruckmann

Umschlaggestaltung: Uwe Richter
Lektorat: Robert Fischer

Fotograf: Frank Habicht
Autoren: Helme Heine, Gisela von Radowitz

Die Deutsche Bibliothek – CIP-Einheitsaufnahme
Helme Heines Neuseeland : sieben Tage Sonntag. – München :
Bruckmann, 1995
ISBN 3-7654-2788-8
NE: Heine, Helme; Neuseeland

Gesamtherstellung: Bruckmann, München
Druck: Gerber + Bruckmann, München
ISBN 3-7654-2788-8

Es soll Erdlinge geben, die nicht wissen, wo sich das Paradies auf Erden befindet. Ich kann es ihnen auf dem Globus zeigen: In Höhe meiner Nasenspitze liegt es – Neuseeland.

Es wird behauptet, daß in diesem Land schon Adam und Eva lebten, bis sie vom verbotenen Baum der Erkenntnis aßen und vertrieben wurden.
Alle Tiere mußten mit – auch wir Schafe.

So berichten die Menschen. In unserer Herde allerdings wird die Geschichte ganz anders erzählt, und zwar so:

In nur einer Woche schuf der Große Hirte Neuseeland.

Am ersten Tag entzündete er das Licht.

Am zweiten Tag malte er den Himmel an: blau mit weißen Schäfchenwolken.

Am dritten Tag formte er Erde und Wasser ...

… und dachte sich die Pflanzen aus: bunte Blumen, saftiges Gras und schattenspendende Farne, so groß wie Bäume.

Am vierten Tag hängte er den Mond und die Sterne auf.

Am fünften Tag schuf er uns Schafe, und leider auch die Mücken und Sandfliegen.

Am sechsten Tag folgte der Mensch – tausend Jahre später als wir Schafe,
denn für den Großen Hirten sind tausend Jahre wie ein Tag.

Am Vormittag des siebten Tages ruderten die Maori in die Bay of Islands.

Sie sahen sich um, und was sie sahen, gefiel ihnen so gut ...

... daß sie beschlossen zu bleiben.

Am Nachmittag kreuzten die Engländer auf.

Die Verständigung war sehr schwierig.

Trotzdem ging man aufeinander zu.

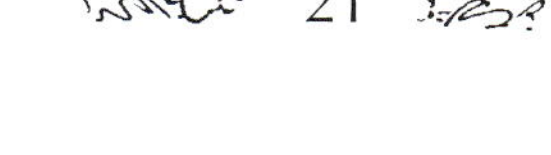

In Waitangi schlossen Engländer und Maori einen Vertrag.
Sie legten fest, wem welche Wiese gehört.
Wir Schafe wurden nicht gefragt.

Seitdem sind über 150 Jahre vergangen, und Neuseeland steht immer noch auf dem Kopf – von England aus betrachtet.

Vermutlich ist das der Grund dafür, daß der Vertrag von Waitangi bis heute so unterschiedlich beurteilt wird.

Die Neuseeländer sind einzigartig. Sie kennen keine Eile
und schwimmen gern gegen den Strom.

Zum Gruß strecken sie nicht nur die Hand aus.

Wir leben harmonisch nebeneinander ...

... Mensch und Tier.

Unsere Lämmer sind genauso knuddelig wie die Kinder.

Fast so beliebt wie wir Schafe sind die Pferde ...

… und das Pferderennen.

Neuseeland ist fruchtbar.

Ein Land, in dem Milch und Honig fließen.

Hier springen einem die gebratenen Fische direkt in den Mund ...

... und stillen den kleinen Hunger zwischendurch.

Die Beerdigungen sind hier fast so schön wie die Hochzeiten.

Wir Schafe können sie kaum voneinander unterscheiden.

Hier schwimmen die Fische unter den Häusern hindurch – wie bei Jimmy Smith …

... und auf den Dächern wächst das Gras – wie bei Friedensreich Hundertwasser.

Unsere Weiden werden mißbraucht, für Sport …

... und so ...

Neuseeland ist ein reiches Land. Um ihren Wohlstand zu erhalten,
müssen die Wiesenbesitzer hart arbeiten.

Geduldig schauen die Menschen zu, wie uns Schafen die Wolle wächst.

MARTINI

Nach Feierabend sammeln die Neuseeländer Erinnerungen.

Oder sie lauschen einer weltberühmten Nachtigall: Kiri te Kanawa …

... die ihr Nest auf einer versteckten Insel hat.

Am liebsten fahren sie Boot – egal, ob groß oder klein. Hauptsache, es gibt ein kühles Bier an Bord und eine Angel.

Wer weder Motor noch Segel hat, muß rudern.

Und wer überhaupt kein Boot besitzt, darf von der Küste aus angeln und fängt genausoviel.

Hier kommt es nicht auf die Muskelkraft an.
Es ist wie bei David und Goliath.

Wenn der Fisch gewogen wird, lassen sie sich knipsen und bestaunen.

Dies ist das Paradies, in dem jeder genug Platz hat, sein Glück zu finden.

Dank dem großen Hirten, daß es keine Schlangen gibt, die uns daraus vertreiben.

Unsere Wolle wird in manchen Gegenden dieser Welt dringender gebraucht als bei uns.

Nirgendwo ist die Armee so klein …

… und sind die Demonstranten so friedlich.

Nirgendwo ist der Himmel so weit …

... und die Umwelt so rein.

Nirgendwo ist das Warten
so kurzweilig ...

… und die Stille so beredt.

In Neuseeland ticken
die Uhren anders.

Hier bleiben die Menschen hundert Jahre jung.

Neuseeland strahlt einen Zauber aus,
dem sich niemand entziehen kann.

Wir wollen den Fortschritt,
wir lieben die Tradition ...

... und träumen davon, daß sich in unserem Paradies nichts verändert.

Wir schauen gelassen in die Zukunft ...

... und vertrauen auf den Großen Hirten.

Übrigens … wenn wir Schafe Wahlrecht hätten – ein Schaf eine Stimme –,
dann säßen wir im Parlament und nicht auf der Wiese!

Auf jeden Einwohner kommen nämlich 16½ Schafe. Allerdings hieße Neuseeland dann nicht mehr Neuseeland, sondern Neuschafland.

Steinlager
4WD

Wie dem auch sei – ich bin glücklich hier,
und ich möchte nirgendwo anders auf der Welt
leben als in Neuseeland.

Helme Heine und Gisela von Radowitz sind ein Autorenteam. Sie schreiben Bücher, Drehbücher und manchmal auch ein Musical.

Helme Heine ist auch Maler und Zeichner. Seine Bilderbücher werden in jedem guten Stall verschlungen.

Die beiden beherrschen vieles – nur Schafe scheren können sie nicht.

Seit einigen Jahren verbringen sie lange Sonntage in Neuseeland.

Frank Habicht ist ein international angesehener Fotograf. Seine Arbeiten erschienen in „Twen", „Sunday Times", „US Camera" und anderen Publikationen. In den sechziger Jahren veröffentlichte er den sozialkritischen Fotoband „Young London".

Als Standfotograf arbeitete er für verschiedene Filmproduzenten wie Roman Polanski und Brian Forbes.

Für Frank ist die Fotografie eine lange Liebesgeschichte in Bildern. Er beobachtet sorgfältig seine Umwelt und dokumentiert den menschlichen Alltag durch unscheinbare, doch liebenswerte Details.

Nach weltweiten Reisen lebt er heute mit seiner Familie in Neuseeland, dessen Schönheit und einzigartiges Licht ihn faszinieren.